ようこそ真《ほんとう》の幸《しあわ》せへ

ことばと書
前川　晴

今日の話題社

ようこそ
あなたの
ばしょへ

はじめに

あなたは今幸せですか？

「いいえ　幸せではありません」と

答えたあなた

あなたにも

必《かなら》ず幸せになれる方《ほう》法《ほう》があります

わたしは　子供の頃からずっと
「どうしたら幸せになれるのだろう」と
思いつづけてきました

そして
真《ほんとう》に幸《しあわ》せになれる方法を
みつけました

それを
『幸《しあわ》せの真法《まほう》』と　呼びます

「幸せの真法《まほう》は
真《ほんとう》に幸せになる方法です」

真《ほんとう》に幸せになる方法とは
真《ほんとう》のことを知って
幸せに生きる方法のことです

わたしは
みんなに
「幸《しあわ》せの真《ま》法《ほう》」を知ってほしいのです
そして
みんなと共《とも》に幸せな生き方を
したいのです
ようこそ真《ほんとう》の幸《しあわ》せへ

ようこそ真の幸せへ　目次

四つの真法

真《ほんとう》のこととは…

「幸せの真《ま》法《ほう》は
真《ほんとう》のことを知って幸せに生きる
方法です」

真《ほんとう》のこととは
どのようなことなのでしょうか？

〝真《ほんとう》のこと〟とは うそのない真実《しんじつ》のこと
そして
ずっとつづいていることです
ずっと昔から 今も そして未来まで
ずっとつづいている
真実のことを
〝真《ほんとう》のこと〟と言います

そして
この真実《しんじつ》は
わたしたちが
いつも
ごくあたりまえ だと
思っていることの中 にあり

誰もが
いつでも
どこからでも
確《たし》かめることのできる
ものなのです

四つの真法《まほう》

真《ほんとう》に幸せになる
幸せの真法《まほう》には
四種類の真法があります

一　自然《しぜん》の真法　♥♥♥　自然に生きる方法

二　元気《げんき》の真法　♥♥♥　元気に生きる方法

三　仲良《なかよ》しの真法　♥♥♥　仲良く生きる方法

四　強《つよ》さの真法　♥♥♥　強く生きる方法

真法の種

真に幸せになる　四つの真法の中には

真《ま》法《ほう》の種《たね》が入っています

種《たね》くん　登場

この種《たね》は
どこにでも蒔《ま》くことができるし
遠《とお》くへ飛《と》ばすこともできる
幸《しあわ》せの種《たね》です

そして
あなたが
真法《まほう》の種《たね》に向かって
「そうだね わかったよ」と
言ってくれると
種から芽《め》が出てきます

Harururururu

幸せが芽《め》生《ば》えます

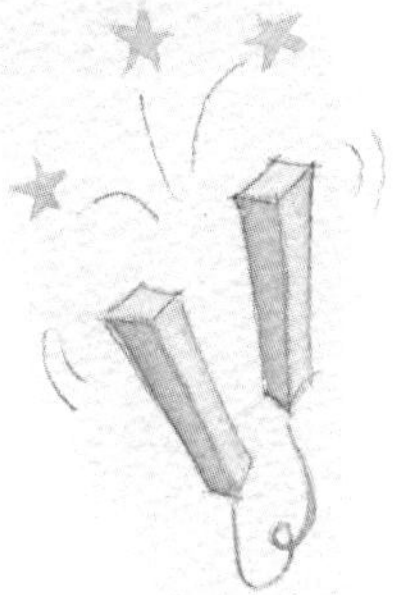

それでは　これから
幸せの種《たね》明《あ》かし
幸せの真法のお話の
はじまり
はじまり〜

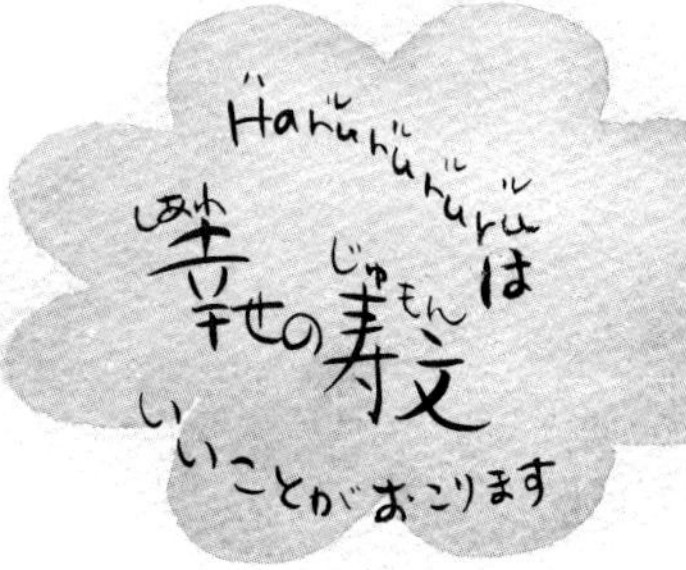

自然の真法

自然の真法

わたしたちが
ふだんなにげなく使っている
自《じ》然《ぜん》という言葉《ことば》には
大切《たいせつ》な意味《いみ》があります

自然《しぜん》の真法《まほう》は
「自然に生きる方法《ほうほう》」です
わたしたちが
自然に
生きつづけることのできる
方法です

自然の真法の種

自然《しぜん》の真法《まほう》には三《みっ》つの種《たね》があります

一種《いちだね》　自然な調子《ペース》で

二種《にだね》　自然な自分《じぶん》で

三種《さんだね》　自然な調和《バランス》で

あいことば
ちょうどいいのがいい

あいことば
じぶんらしいのがいい

あいことば
みんなにとっていいのがいい

自然な調子《ペース》で

わたしたちは
何かがうまくいかない時
「どうしてだろう」
「どうすればよいのだろう」と
悩《なや》みます

悩みは
わたしたちが
自然から はなれた 合図《サイン》です

悩みが
このままでは つづかないよ と
教《おし》えてくれているのです

わたしたちは
自然《しぜん》の生《い》きものです

自然の生きものは
自然からはなれると おかしくなります

不自然《ふしぜん》になります

不自然なことは
つづきません
わたしたちは
自然であればこそ
つづいていくのです

自然な調子《ペース》で

一歩《いっぽ》 一歩《いっぽ》

ゆっくり ゆっくり

ひとつ ひとつ

少《すこ》しずつ 少《すこ》しずつ

一日《いちにち》
進《すす》んでいくのがいい
一日《いちにち》
生《い》きていくのがいい

わたしたちのまわりの
木々や草花が
そっと教えてくれています

○○すぎる
無理《むり》な調子《ペース》は
つづきません

ちょうどいい
無理のない調子《ペース》なら
つづけることができます

自然な調子《ペース》がいいんだね

ちょうどいいのがいいんだね

自然な自分で

〝自然《しぜん》な自分《じぶん》〟とは

無理《むり》をしない自分

素《す》のままの自分

元《もと》のままの自分

自分《じぶん》らしい自分です

自分らしく生きることは
楽《らく》です
楽であれば
ずっとつづけることができます

自分らしく生きると
楽《たの》しくなります
笑《え》顔《がお》になります
自分のことが好《す》きになります
生まれてきてよかった
生きていてよかったと感《かん》じることができます

自然な自分がいいんだね
自分らしいのがいいんだね

自然な調和《バランス》で

わたしたち　ひとりひとりは

それぞれが

自然の中の一員《いちいん》です

みんなの中の一人《ひとり》

全体《ぜんたい》の中の一部《いちぶ》です

誰《だれ》もが
自分だけで生《い》きているのではなく
まわりと共《とも》に生きています
みんなが共に生きるためには
バランスが
調和が必要《ひつよう》です

自分《じぶん》がいて
自分だけにいいことではなく
人間《にんげん》がいて
人間だけにいいことではなく
みんながいて
みんなにとってちょうどいいこと

自然な調和《バランス》が 大切です

そこに
ずっとつづいていく
みんなの未《み》来《らい》があるのです

自然な調和《バランス》がいいんだね

みんなにとっていいことがいいんだね

元気の真法

元気の真法

「元気《げんき》」という字は
元《もと》の気《エネルギー》と書きます

元気は
わたしたちが
生きるエネルギーの元《もと》です

わたしたちは
元気があるからいろいろなことが
できます
元気がなくなると
いろいろなことができなくなります
元気《げんき》の真《ま》法《ほう》は
わたしたちが元気に生きることのできる
方法です

元気の真法の種

元《げん》気《き》の真《ま》法《ほう》には
三つの種《たね》があります

一 元気になる種

あると思う

二 元気が出る種

あるものに気づく

三 元気を生かす種

あるものに向かう

元気になる真法

誰《だれ》でも　つらいことや
かなしいことがあると
元気がなくなります

そんな時
元気になるには
どうすればよいのでしょうか
？。

真《ほんとう》のこと

元気の真実《しんじつ》を明《あ》かします

わたしたちの元気には

"源気《げんき》くん"が関係《かんけい》しています

「元気《げんき》」というものは
わたしたち
ひとりひとりの中に
元々《もともと》ある
気《エネルギー》です

この気《エネルギー》は増《ふ》えることもあるし
減《へ》ってしまうこともあります

わたしたちの気《エネルギー》を
増《ふ》やしたり　減《へ》らしたり
調節《コントロール》しているのが
"源気《げんき》くん"なのです

実《じつ》は
源気《げんき》くんには　すききらいがあります
言葉《ことば》の　すききらいです
源気《げんき》くんのすきな言葉《ことば》は「ある」
源気《げんき》くんのきらいな言葉《ことば》は「ない」
です

源気《げんき》くんに
「ある」という言葉《ことば》を届《とど》けると
よろこんで
気《エネルギー》を増《ふ》やしてくれます

源気《げんき》くんに
「ない」という
言葉《ことば》を届《とど》けると
いやがって
気《エネルギー》を
減《へ》らしてしまいます

源気《げんき》くんは
元々《もともと》
わたしたち
ひとりひとりの
身体《からだ》の中に
住《す》んでいます

だから
源気《げんき》くんに
「ある」という言葉《ことば》を届《とど》けるには
あなたが
「ある」と思《おも》うだけでよいのです

源気《げんき》くんのすききらいは
わたしたち自身《じしん》も感《かん》じることができます
たとえば
「いいことがある」「希望《きぼう》がある」と思《おも》うと
わくわくした気持ちになり
元気が出《で》ます
元気が増《ふ》えます

反対《はんたい》に
「いいことがない」
「希望《きぼう》がない」と思《おも》うと
しょんぼりした気持ちになり
元気がなくなります
元気が減《へ》ります

なぜ
源気くんは
「ある」という言葉《ことば》が
すきなのでしょうか
？。

真《ほんとう》のこと
「ある」の真実《しんじつ》
「ある」と思《おも》うと どんなことでも
Haru ru ru ru
あかるい方へ向かうのです
だから「ある」と思うと元気になるんだね

元気が出る種

わたしは今《いま》悩《なや》んでいます

とても
「ある」と思うことはできそうにないと
感《かん》じている　あなたへ

あなたも
あるものに
気づくことができれば

元気が出ます

たとえば　あなたが好きな人のことで
悩んでいるとします

あなたには
好きな人が「ある」のです

「好きな人がない」人は
好きな人のことで悩むことはできません

あなたには
好きな人が「ある」から悩むことができるのです

あなたには「ある」のです

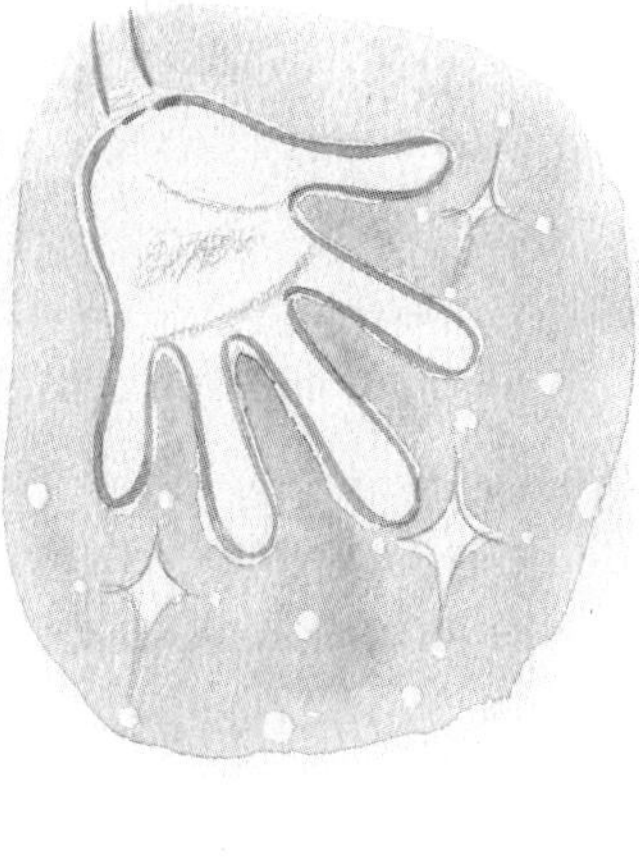

わたしたちに
かならず　あるもの
あなたにも
わたしにも
かならず
あるもの

今《いま》がある
今日《きょう》という日がある
明日《あした》がある
このいのちがある

だから
だいじょうぶ

あるものに気づいて
元気を出そう

元気を出すには
あるものに気づけば
いいんだね

元気を生かす種

わたしたちの人生《じんせい》には
いろいろな場面《ばめん》が
あります

歩《ある》いている時《とき》
走《はし》っている時
足《あし》を止《と》める時
足踏《あしぶ》み《く》をする時

わたしたちの人生は階段《かいだん》になっています

階段を描《えが》くと

よこの線《せん》と

たての線があります

わたしたちは
進《すす》んでいる時《とき》
よこの線《せん》の場面《ばめん》にいて
止《と》まっている時
たての線の場面にいます

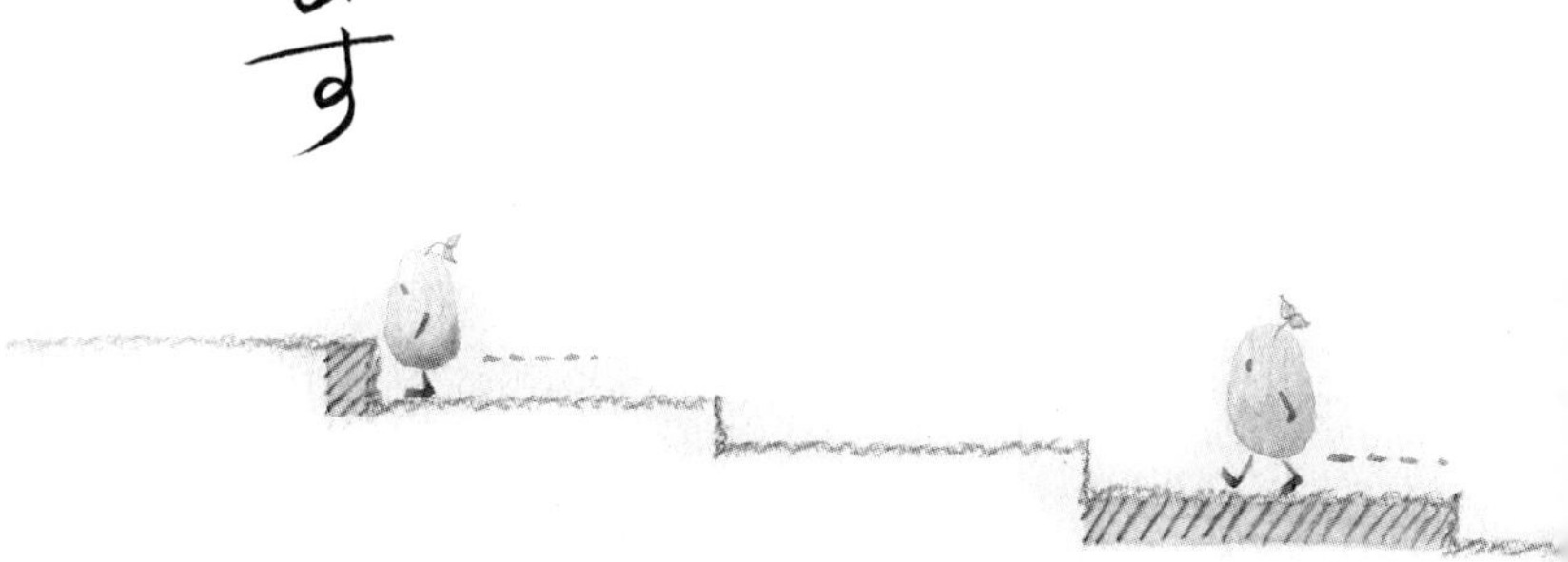

たての線《せん》は
〝気《き》づきの場《ば》面《めん》〟です
「どうしたらよいのか」と
答《こた》えを さがす時《とき》です

階《かい》段《だん》には
よこの線《せん》も
たての線も
必要《ひつよう》です

わたしたちの
人生《じんせい》には
〝進《すす》むことも〟
〝止《と》まることも〟
両方《りょうほう》必要なのです

よこの線《せん》を
進《すす》む時《とき》も
たての線をのぼる時も
『わたしたちにできること』

それは
『自分の目《め》の前《まえ》にあるものに向《む》かうこと』

自分の目の前にあるものに
自分の気《エネルギー》を向けること
です

わたしたちの
目《め》の前《まえ》にある現実《げんじつ》
日々《ひび》の生活《せいかつ》は
いつもいつも
すべてのことが
自分《じぶん》の思《おも》い通《どお》りになるわけではありません

けれども
あなたが
目《め》の前《まえ》にあるものに
向《む》かいつづけていたら
かならず……

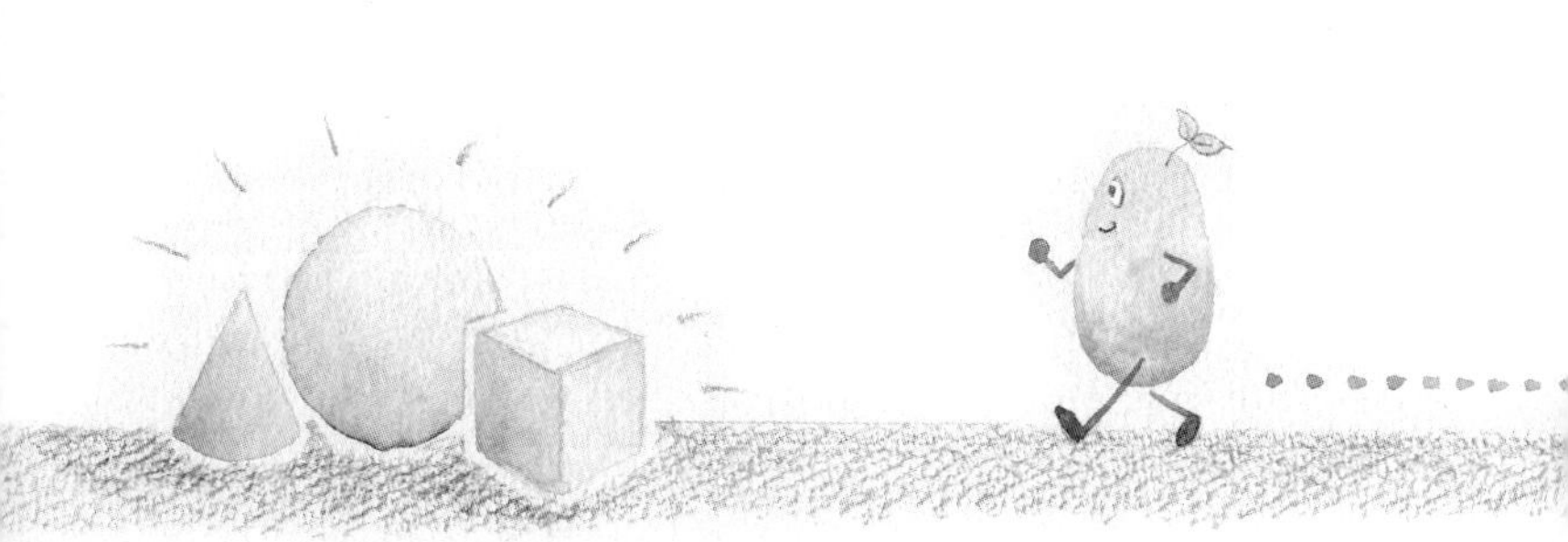

次《つぎ》へとつながっていきます

前《まえ》へとつながっていきます

開《ひら》かれていきます

だから
目の前にあるものに
向かっていこう
わたしたちの
元気《パワー》《ちから》を生かしていこう

仲良しの真法

仲良しの真法

わたしたちは
自分《じぶん》というものがいて
自分以外《じぶんいがい》のものがいる中《なか》で
生きています

仲良《なかよ》しの真《ま》法《ほう》は
自分《じぶん》自身《じしん》とも
自分《じぶん》以外《いがい》とも
仲良く生きていく方法です

仲良しの真法の種

仲《なか》良《よ》しの真《ま》法《ほう》には
三つの種《たね》があります

一種　自分《じぶん》の役目《やくめ》

♡

自分を生《い》かす

二種　お互《たが》いの役目《やくめ》

♡♡

お互いを認《みと》める

三種　仲間《なかま》の役目《やくめ》

♡♡♡

仲間を助《たす》ける

自分の役目

わたしたち
ひとりひとりは
〝自分《じぶん》〟というものを持《も》っています
〝自分〟とは何なのでしょうか

〝自分〟とは

「自《みずか》らに分《わ》け与《あた》えられたもの」のことです

だから

〝自分〟を担当するのは〝自分〟です

わたしたちは
自分《じぶん》の心《こころ》の中《なか》のことは
わかります
自分以外《いがい》の人の心の中の
すべてのことを知ることは
できません

だから
あなたの心を担当するのは
あなた
です

息《いき》という字は
自《みずか》らの心《こころ》と
書くのだね

自分《じぶん》の心《こころ》を担当《たんとう》するには
どのようにすれば
よいのでしょうか？

自分の気持《きも》ちと向《む》き合《あ》い
自分の気持ちを受《う》け入《い》れ
自分の気持ちを認《みと》め
自分の気持ちを大切《たいせつ》にすることです

自分の心で生きることは自分の役目《やくめ》です

わたしたち
ひとりひとりには
それぞれに
個性《こせい》というものが
あります

個性は
その人の特徴《とくちょう》
その人らしさです

自分らしく生きることは
自分の役目《やくめ》です

自分《じぶん》のいのちを生《い》かすこと
自分の心《こころ》を生かすこと
自分の個《こ》性《せい》を生かすことは
自分にしかできない
自分の役目《やくめ》

自分の役目は
自分《じぶん》自身《じしん》を
生《い》かすことだね

お互いの役目

わたしたちは人《ひと》として生まれてきました

人《ひと》は人間《にんげん》です

"人間とは

「人《ひと》の間《あいだ》で生きるもののこと"です

わたしたちは
父《ちち》と母《はは》の間《あいだ》に生《う》まれ
人《ひと》の間《あいだ》で育《そだ》ち
人《ひと》の間《あいだ》で生活《せいかつ》をして
生《い》きています

人と
人の
間《あいだ》にあるもの
それは
かかわりあいです

そこには

生きがいという

Hakururururu

よろこびがあります

わたしたちは
誰《だれ》かに
ほめてもらえると
うれしいものです

誰《だれ》かに
わかってもらえると
うれしいものです

これは
人と人が
かかわりあうことによって
生まれる
よろこびです

わたしたち
ひとりひとりの
考《かんが》え方《かた》はちがいます

ひとり
ひとりの
好《す》きなものも
ちがいます

このちがい は
どちらがいいと
くらべられるものでは
ありません

みんなちがって
みんな いい ものです

わたしたちは
お互《たが》いがかかわり合《あ》い
お互《たが》いの良《よ》さを
認《みと》め合《あ》うことによって

お互《たが》いに
生《い》きがいを感《かん》じて
生《い》きることができます

仲間の役目

わたしたちは　仲間《なかま》です
宇宙《うちゅう》の中《なか》の
この地球《ちきゅう》で
共《とも》に生《い》きる仲間《なかま》です

仲間とは
仲《なか》良《よ》くする
間《あいだ》柄《がら》のこと

間柄《あいだがら》とは
結《むす》びつきのことです

仲間《なかま》同志《どうし》を
結《むす》びつけるものは
助《たす》け合《あ》いです

わたしたちは
人
それぞれに

自分にできることも
あれば
自分にできないことも
あります

自分にできることがあり
誰《だれ》かの役《やく》に立《た》つことは
うれしいことです
自分にできないことを
誰《だれ》かに 助《たす》けてもらえることは
うれしいことです

どちらも
うれしいことだから
人と人が助け合うと
うれしさは倍《ばい》になります

わたしたちは
自分《じぶん》のために何《なに》かができた時《とき》より
自分《じぶん》以外《いがい》の人のために
何かができた時のほうが
うれしいものです

自分は　ひとりですが
自分以外の人は　たくさんいます
人のために
たくさんの人のために
何かができたら
よろこびはいっぱいです

"はたらく"という言葉《ことば》は

Harururururu

はた　まわりのこと

らく　らくにすること

「まわりの人をらくにして
よろこんでもらうということ
です」

仲間《なかま》のために
はたらくことは
素《す》晴《ば》らしいことです

強さの真法

強さの真法

わたしたちの人生《じんせい》には
うれしいこと
かなしいこと
いろいろな出来事《できごと》が
あります

誰《だれ》でも つらい時《つら》があり

つらい時には

くじけそうになることもあります

わたしたちは

どのようにすれば

強《つよ》く生《い》きることができるのでしょうか

強さの真法の種

強《つよ》さの真《ま》法《ほう》は

わたしたちが強く生きることのできる

方法です

強さの真法には

三つの種があります

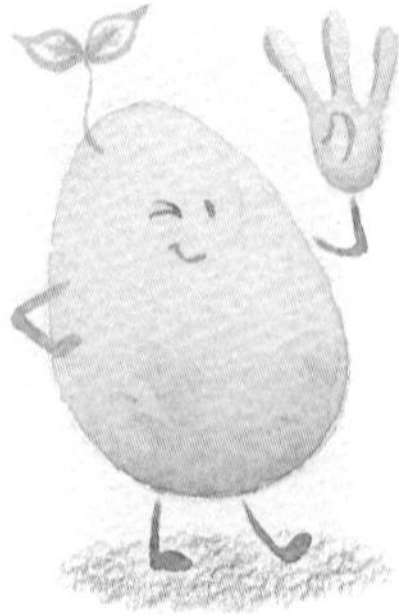

一種　いのちのつながり

二種　時代《とき》のつながり

三種　学《まな》びのつながり

いのちのつながり

ここに大きな木があります

これまで
いろいろな日《ひ》が
ありました

強《つよ》い日《ひ》差《ざ》しに照《て》らされ
ぐったりした日も

強い風《かぜ》が吹《ふ》き荒《あ》れ
倒《たお》れそうになった日も

けれども
大きな木は強《つよ》かった
なぜでしょうか？。

大きな木は
太《ふと》い根《ね》っこでしっかりと
大地《だいち》につながって
いたのです

真《ほんとう》のこと
強さの理由《わけ》は
つながりです

わたしたちも同《おな》じです

わたしたちも
わたしたちの根《ね》っこが
しっかりつながることによって
強《つよ》く生《い》きることができるのです

わたしたちの
根《ね》っこって
何でしょう

あなたという人は
あなたのいのちは
あなたの父《ちち》と母《はは》に
つながっています

その父と母のいのちも
また父と母に
つながっています

あなたの いのちは
ずっと ずっと つながっています
ひとりの人がいなくても
ひとつのいのちがなくても
あなたという人はいません
あなたのいのちはありません

たくさんの人とつながって
あなたという人がいます

たくさんのいのちと
つながって
あなたのいのちがあります

あなたの根《ね》っこには
はてしない数《かず》の
いのちのつながりがあります

時代《とき》のつながり

わたしたちは今《いま》ここに生《い》きています

この時代《とき》に
この場所《ばしょ》で
日々《ひび》を生きています

時代《とき》は つながっています

いつの時代《とき》を生きた人も
その人の 生きる 場所《ばしょ》で
その日々《ひび》を 生きてきました

今《いま》という
この時代《ときき》は
わたしたちの
先《さき》を生きた人々から
受《う》け継《つ》がれたものです

わたしたちは
時代《とき》のつながりによって
わたしたちの先《さき》を生きた
すべての人の残《のこ》してくれたものと
つながっています

わたしたちの先を生きた
すべての人のおもいと
つながっているのです

いつの時代《とき》を生きた人も
この時代からつづく次の時代が
『よい時代でありますように』
『明《あか》るい未来《みらい》でありますように』と
おもいをつなげてくれました

今わたしたちは
時代《とき》のバトンを受《う》け持《も》っています

わたしたちの根《ね》っこが
時代《とき》のつながりとつながって
今《いま》を生きています

学びのつながり

わたしたち
ひとりひとりの人生《じんせい》は
毎日《まいにち》の積《つ》み重《かさ》ねによって
作《つく》られます

日々《ひび》が積み重なって
月《つき》となり
月が積み重なって
年《とし》となり
人生《じんせい》となります

ここに
手《て》作《づく》りの
れんがの家《いえ》があります

家を作るには
れんがをひとつひとつ
積《つ》み重《かさ》ねていきます
わたしたちの人生《じんせい》も同《おな》じです

わたしたちの人生の中で
〝れんが〟にあたるものは
日々の ひとつひとつの
「出来事《できごと》」です

ひとつひとつの出来事は
わたしたちに
何かを教《おし》えてくれるものです
わたしたちにとっての
学《まな》びです

れんがの家は
下《した》から上《うえ》へと作《つく》ります
わたしたちの人生は
過去《かこ》から現在《いま》へ
現在から未来《みらい》へと作られます

わたしたちは
過去《かこ》の出来事から
学んだことを現在《いま》に
現在《いま》の出来事から学んだことを
未来《みらい》に 生《い》かすことが
大切《たいせつ》です

ふるさとも

子供《こども》の頃《ころ》の

自分も

今までのすべての体験《たいけん》も

自分の根《ね》っこ

いまの自分を
作ってくれたもの
自分に何かを
教えてくれたもの
すべて自分とつながっている

つながりは…

真《ほんとう》のこと…

いのちのつながり

時代《とき》のつながり

学びのつながりは

あなたにもわたしにも

〝真《ほんとう》にある〟つながりです

このつながりを知り
このつながりを
大切にすることによって
わたしたちは
「強く生きることができるのです

四つ合わせて…

真《ほんとう》に幸《しあわ》せになる四《よっ》つの真《ま》法《ほう》は
あなたがより自然に
より元気に
より仲良く
より強く
生きていくことができる考え方《ヒント》です

四つの真法は

一二三四

四《よっ》つ合《あ》わせると

四《し》合《あ》わせ

幸《しあわ》せになるという真《ま》法《ほう》なのです

真法の鏡

真法の鏡

ここでもうひとつ
幸《しあわ》せの種明《たねあ》かし

あなたを
真法《まほう》の鏡《かがみ》の世界《せかい》へ
ご案内いたします

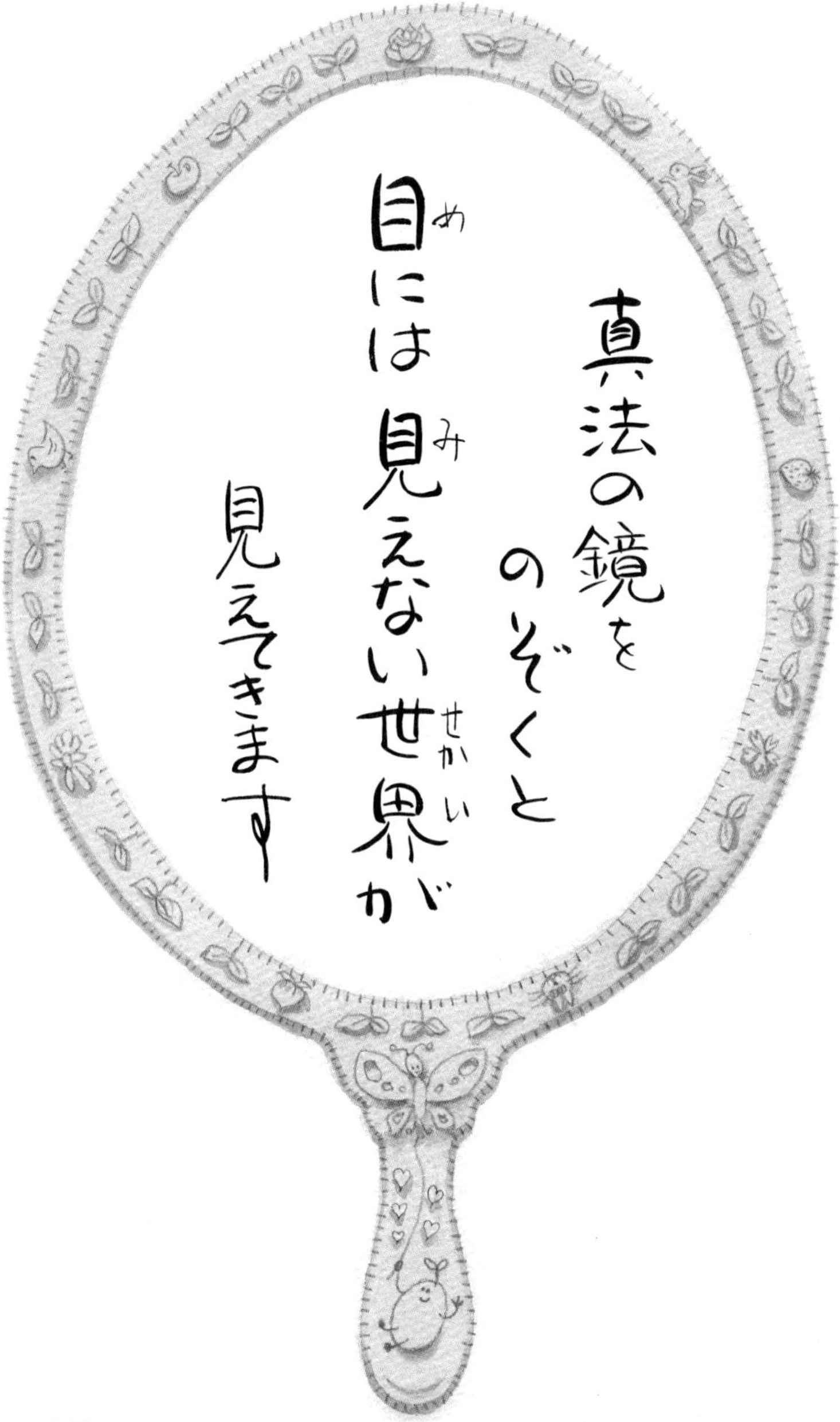
真法の鏡を
のぞくと
目《め》には見《み》えない世界《せかい》が
見えてきます

目に見えないものには
"たましい"というものがあります
たましいって何?
たましいとはどんなもの?
あなたはどう思いますか?

わたしは
みんなの心の奥深いところに
ある
うつくしい
たまわりもの
だと思います

Haru ru ru ru

目には見えないもの・・・
おもいやりも
目には見えません
「おもいやりは
あの人はどんな気持《きも》ちなのかなぁ」と
相手《あいて》のことを おもう気持ちです

おもいやりはとても大切なものです

見えないけれど
大切なものは

あるのです

わたしは

『三《み》つのもの』の気持ちを
おもってみました

そして

三つのお話《はなし》にしました

ひとつめは
運命《うんめい》の神《かみ》さまがいたとしたら
「きっとこう思ってくれている」という
お話です
ふたつめは
わたしたちを生かしてくれている
地球《ちきゅう》の気持ちをおもった、お話

三《み》つめのお話は

今わたしたちは生きています
その前をずーっとずーっと
たどっていくと
わたしたちの
"はじまり"にたどりつきます

そのはじまりの存在《そんざい》は

「こんなおもいを持《も》っていたのかな」

というお話です

それでは

どうぞ真法《まほう》の鏡《かがみ》の世界《せかい》へ

運命の神さまが教えてくれたとってもいいこと

すべての出来事には
意味があるんだよ

すべての
出逢いにも
意味があるんだよ

この出来事は
自分に何を教えてくれるのかなあ

この出逢いは
自分に
何を気づかせてくれるのかなあ

きみは
そう思いながら
生きていくのがいいね

きみが
生まれてきたことにも
深い意味があるんだよ
いろいろな出来事と
いろいろな出逢いから
その意味を知っていくのがいいね

それが
きみの人生
人が
生きる意味だよ

運命には
ふたつのものがあるよ
ひとつは変わらないもの
もうひとつは変わっていくもの

変わらないものは
きみに与えられた持ちもの
きみの個性

変わっていくものは
宇宙から　その時々に
きみに届けられる気《エネルギー》
運気だよ

きみは
きみの個性を生かしてほしい
自分らしく生きるのがいいね

そして
宇宙の気《エネルギー》に添って生きてほしい
自然に生きるのが
いいね

運命は学び《レッスン》
きみのたましいを輝かせ
きみのたましいを成長させるための
わたしから
きみへの課題《おくりもの》なんだ

地球さんのささやき

昔 昔 遠い昔

宇宙の王さまは

わたしに お願いごとをされました

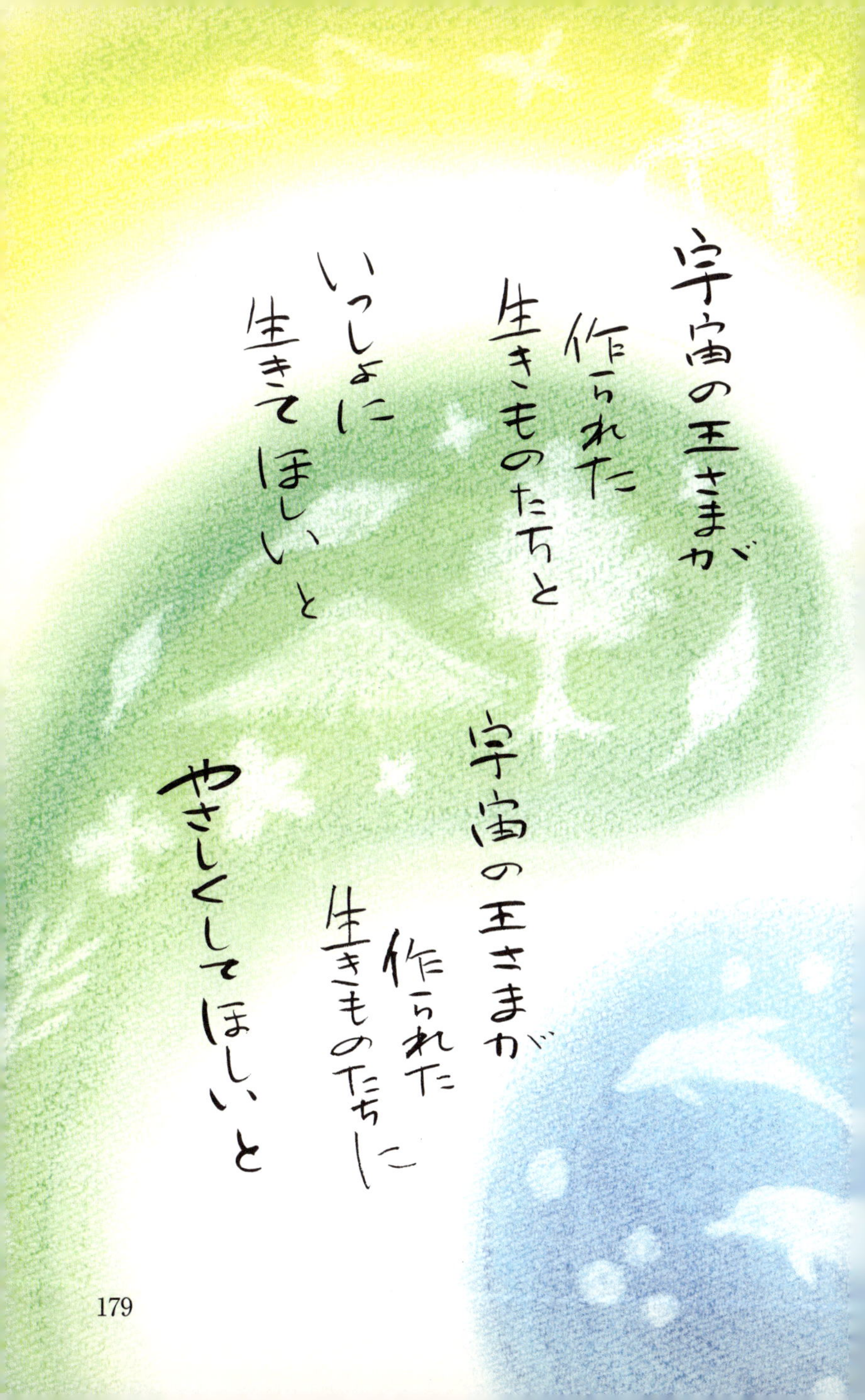

宇宙の王さまが
作られた
生きものたちと
いっしょに
生きてほしいと

宇宙の王さまが
作られた
生きものたちに
やさしくしてほしいと

だから
わたしの名前は
王さまに
求められた地《ところ》
地球 なのです

だから
わたしの形は
丸いの
です

ひかりのものがたり

わたしは
いちばん最初《はじまり》の存在
です

わたし以外
何もありませんでした

すべてのものは
わたしのおもいから
できあがりました

わたしは
わたしを
わかってくれる存在がほしいと、おもいました

そして
あなたたちが存在しているのです

あなたたちは
わたしの
わかりあいたいという
おもいによって生まれたのです

わたしは
あなたたちとわかりあうために
わたし自身を
あなたたちの中に
分け与えました

わたしは
あなたたちが
形《かたち》あるものとして
あなたたちのおもいを
現《あらわ》してくれることが
うれしい

わたしは
あなたたちが
わたしの分け与えたものを
輝かせてくれることが
うれしい

わたしは
あなたたちと
つながっていることが
うれしい

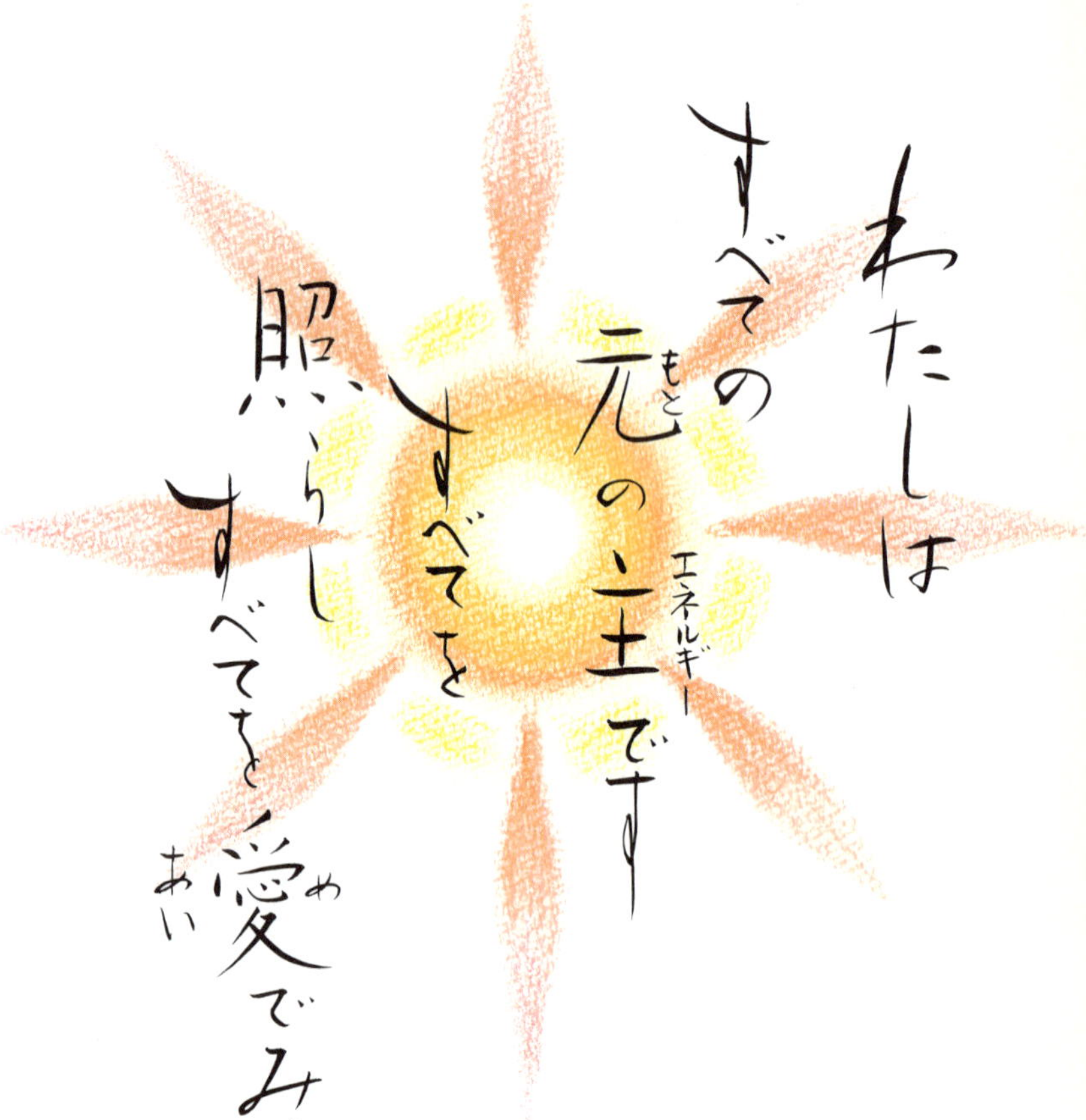

わたしは
すべての
元《もと》の主《エネルギー》です
すべてを
照らし
すべてを
愛《め》《あい》でみつめています

わたしは
ひかりです

真《ほんとう》の幸せの世界

わたしたちの幸せは
どこにあるのでしょうか

真《ほんとう》のこと
ここにあります

わたしたちが　あたりまえ　と思っている
あたりまえのことは
あたりまえのことではなく

目に見えない
たくさんのものが
つながって作《つく》られた
かけがえのないもの　なのです

あなたという人はかけがえのないもの
あなたの人生もかけがえのないもの
わたしたちは
今《いま》こうして
生《い》かされている ここに幸《しあわ》せが
あります

そして
真《ほんとう》の幸《しあわ》せの世界は
感謝《かんしゃ》の日々の中にあります

あなたの
真《ほんとう》の幸《しあわ》せは
感謝《かんしゃ》の心《こころ》からはじまります

おわりに

真《ほんとう》に幸せになる
幸《しあわ》せの真《ま》法《ほう》は
かけがえのない あなたという人が
かけがえのない人生を生きる中で
どんなことが あった時でも

いっしょに 進《すす》もう
いっしょに乗《の》り越《こ》えようと
いつも あなたと共《とも》にある
あなたの真友《パートナー》です

いつもの道も
空を見ながら
風を感じながら
歩くと
気持ちよく
笑顔で歩けるように

わたしたちの
人生というこの道は
生きることが楽しくなり
生かされていることが
うれしくなる考え方《ヒント》と
いっしょに歩くのがいい

人生には
晴れの日もあれば
雨の日もあり
くもりの日もあります

晴れの日も
雨の日も
くもりの日も
生かされていることに感謝して
よろこびを感じ
共《とも》に生きていきましょう

幸《しあわ》せの真《ま》法《ほう》が

あなたの真《ま》宝《ほう》、になりますように

Harurururu

共《とも》に生《い》きる
真《しん》愛《あい》なる
仲《なか》間《ま》へ

晴《はる》より

真《ほんとう》の幸《しあわ》せの地のご案内

宮崎県に真《ま》幸《さき》(えびの市)

というところがあります

大自然と 山の神さま

そして あたたかい人達が

迎えてくれる

真《ほんとう》の幸《しあわ》せの地です

わたしの家族が 暮らす

わたしの ふるさと です

幸せの鐘が鳴り
響く宮崎県の駅

真幸
まさき

急勾配をスイッチバック方式で入る山の駅。
縁起の良い名前から、ホームには「幸せの鐘」があり、
撞いた数だけ幸せになれるとか。

みんなが
しあわせで
ありますように…

晴《はる》

【お手紙のあて先】
〒 510-0065
三重県四日市市中浜田町 5-22-8F
前川晴　行

【連絡先】
オフィスＨＡＲＵ
TEL ／ FAX　059-352-1643

【カウンセリングに関するお問い合せ】
同上

［著者紹介］

前川　晴（まえがわ　はる）

1963 年　三重県生まれ
岐阜女子大学文学部国文学科卒業
オフィスＨＡＲＵ代表

運命学・心理学を学び、悩みに対する相談を受け、20 年以上、約 1 万 7 千件のカウンセリングを行うかたわら、大学・カルチャーセンターでの講義や、執筆、セミナー、講演活動を通して、真の幸せな生き方について分かり易く伝えている。

また、幼い頃から書を学び、手書き文字、自筆の良さを伝えながら、書道教室での指導を行っている。

ことばと書の個展「晴展」を定期的に各地で開催し、やわらかく親しみやすい作品に、多くのファンを持つ。

著書『しあわせはじぶんの心がきめるもの』（今日の話題社）

ようこそ 真《ほんとう》の幸《しあわ》せへ

2009年11月7日　初版発行

著　　者　前川　晴（まえがわ・はる）

装　　幀
イラスト　谷口愉歩（たにぐち・ゆほ）

発行者　高橋　秀和
発行所　今日《こんにち》の話題社《わだいしゃ》
東京都港区白金台 3-18-1　八百吉ビル 4F
TEL 03-3442-9205　FAX 03-3444-9439

印　　刷　佐藤美術印刷所
製　　本　難波製本

ISBN978-4-87565-593-0　C0092